Inhalt

Prominenten-Testimonial

Kernthesen

Beitrag

Fallbeispiele

Weiterführende Literatur

Impressum

GENIOS WirtschaftsWissen Nr. 04/2003 vom 29.04.2003

Prominenten-Testimonial

E.Krug

Kernthesen

- Prominenten-Testimonial-Werbung boomt seit einigen Jahren und scheint momentan fast inflationäre Züge anzunehmen. (1), (2)
- Promi-Werbung gilt in der Branche als Garant für Awareness-Steigerung. Allerdings ist hier zu bedenken, dass eine Art Promi-Überdrüssigkeit oder Reizüberflutung das Gegenteil bei den Konsumenten bewirken könnte. (2)
- Prominenten-Testimonials sollten in Zukunft nicht uneingeschränkt ohne Recherche, Kontrolle oder Tests als Marketingmaßnahme eingesetzt werden, da es für eine Marke äußerst fatale

Auswirkungen haben kann, wenn Person und Produkt nicht zusammenpassen. (1), (2),

Beitrag

Der Begriff Testimonial kommt aus dem Englischen und bedeutet Referenz, Empfehlung, Zeugnis. So ist Testimonial-Werbung eigentlich ein Empfehlungsschreiben eines Konsumenten, wobei der Konsument häufig mit einem Prominenten besetzt wird. In letzter Zeit sind die Verbraucher der klassischen Werbung ziemlich überdrüssig und Below-the-line-Maßnahmen, wie Testimonial-Werbung, sind als Abwechslung mehr als willkommen. Allerdings kann auch hier die Sättigungsgrenze schneller erreicht sein, als man denkt, denn die Werbung mit Prominenten boomt gewaltig. (1), (2), (3)

Gründe für Testimonial-Werbung

Ein durchaus wichtiger Grund ist der erhöhte Werbedruck. Eine unendliche Markenvielfalt, austauschbare Produktleistungen und eine immer härtere Konkurrenzsituation verlangen nach dem

Einsatz von effizienten und effektiven Werbemitteln. Der Verbraucher wird medial, vor allem im TV-Bereich, mit Werbung derart zugeschüttet, dass die Werbebotschaft häufig gar nicht mehr ankommt.

Mit Promi-Werbung lässt sich aber der potenzielle Kunde häufig beeindrucken. Eine aus der Erfahrung gewonnene Erkenntnis, die in der Branche vorherrscht. Deshalb greifen die Agenturen gern auf VIP-Werbung zurück, vor allem, wenn es an kreativen Ideen mangelt. Der Werbetreibende lässt sich wiederum gern darauf ein, weil es im Endeffekt auch schmeichelt, wenn das eigene Produkt von einem Promi empfohlen wird. Ob dieser das Produkt vorher überhaupt gekannt oder gar benutzt hat, sei dahingestellt. Außerdem lieben die Menschen Illusionen. (3)

Im Endeffekt wählt der Werbende die Testimonial-Werbung, weil er annimmt, dass die Werbebotschaft glaubwürdiger beim Konsumenten ankommt. Durch Testimonials erhofft er sich eine höhere Awareness.

Ein weiterer Gesichtspunkt, der die Promi-Werbung attraktiv erscheinen lässt, ist die Hoffnung, dass durch den prominenten Werbeträger das Produkt auf den Verbraucher einzigartig wirkt und sich ganz klar von Konkurrenzprodukten unterscheidet.

Nicht zuletzt soll das Image der Marke verbessert oder gar neu kreiert werden. So soll das Ansehen des Prominenten auf das Image des Produktes übertragen werden. (2)

Voraussetzung für effektive Testimonial-Werbung

Die wichtigste Voraussetzung für einen Werbeerfolg durch Testimonials ist, dass Marke und Person zusammenpassen. (1), (2) Besonders vorteilhaft ist es, wenn es sich bei dem Testimonial-Werber um eine echte Berühmtheit handelt. Ein so genannter echter Promi ist daran zu erkennen, dass ihn jeder erkennt, ohne, dass sein Name genannt oder gar sein Beruf angegeben werden muss. (3)

Wichtig ist auch , dass die berühmte Person nicht nur durch ihre Prominenz wirkt, sondern den Werbespot auch glaubwürdig darstellt. Ideal ist es, wenn der Zuschauer das Gefühl bekommt, die dargestellte Szene kommt der Realität äußerst nahe. Ist die eine oder andere Voraussetzung nicht erfüllt, gibt es schneller Probleme, als man denkt.

Probleme der Testimonial-Werbung

Das größte Problem der VIP-Werbung entsteht dann, wenn Produkt und Person nicht zusammenpassen oder kein glaubwürdiger Zusammenhang besteht. Sehr schnell kann hier der gewünschte Erfolg ausbleiben. Vielmehr besteht dann sogar die Gefahr, dass sich diese Fehlbesetzung negativ auswirken kann. [(1)](), [(2)]()

Einem VIP wird außerdem nur selten verziehen, wenn er im realen Leben nicht so handelt, wie es von ihm erwartet wird. Auch ein kurzfristig negativ besetztes Image könnte sich negativ auf das Produkt auswirken. [(1)]() Relativ kritisch wird es auch, wenn ein Testimonial-Promi für zu viele Produkte wirbt, also seine Person überstrapaziert wird. Die Folge ist, dass der Konsument sich nach dem Werbespot nicht mehr erinnern kann, welches Produkt gerade beworben wurde. Awareness, Uniqueness und Differenzierung sind in solchen Fällen kaum noch gewährleistet.

Fallbeispiele

Beispiel für ein Markenführungsinstrument: BPG

Das BPG (Brand Personality Gameboard) wurde von einem fünfköpfigen McKinsey-Team entwickelt. Dieses Instrument soll zeigen, welche Persönlichkeit zu welcher Marke passt.
Es testet
- welche Prominenten-Kampagnen Erfolg versprechend sind
- welche Berühmtheiten gute Werbeträger für welche Marke abgeben
- wie weit das Image von einer Persönlichkeit beeinflusst werden kann

Das Team hat das Gameboard mit einem relativ komplizierten Verfahren entwickelt. (2)
Sehr vereinfacht kann man die Idee so darstellen, dass einer Marke menschliche Eigenschaften oder Merkmale verliehen werden. Diese Merkmale wiederum müssen gut voneinander abgrenzbar sein. Diese Abgrenzungen findet man in der griechischen Mythologie, wie z. B. bei Zeus, Helena, Herakles etc.

Zu guter Letzt werden den alten Griechen Äquivalente aus der heutigen Zeit zugeordnet, wie z. B. Zeus James Bond, Hermes Thomas Gottschalk oder Aphrodite Julia Roberts.

Mit mehrstufigen Forschungsverfahren, zahlreichen Interviews und Versuchen entwickelte das Team das Gameboard.
Mittlerweile haben im BPG bereits 60 Berühmtheiten und 40 Marken aus acht Produktkategorien ihren Platz und weitere Brands sollen folgen. (2)

aktuelle Beispiele für Testimonials

Bonaqa wirbt mit Johannes B. Kerner.
Agentur: Springer & Jacobi Werbung GmbH (4)

Der Softwarehersteller Sunflowers wirbt für das Computerspiel Anno 1503 mit Jenny Elvers als Testimonial. Die TV-Kampagne wurde inhouse entwickelt. (5)

Mika Häkkinen samt Ehefrau Erja und Sohn wirbt für Mercedes-Benz. Der Werbespot wird mit dem

Marketingpreis der Goldenen Kamera ausgezeichnet.
Agentur: Springer & Jacobi Werbung GmbH (1)

Testimonials auf dem Prüfstand. Beispiel: Telekom

Die Telekom hat noch nicht geklärt, ob und in welcher Form das Langzeit-Engagement der Tatort-Kommissare Manfred Krug und Charles Brauer fortgesetzt wird. Es hält sich das Gerücht, beide sind nicht neu und modern genug. (6)

Beckenbauer

Beckenbauer wirkt im Werbespot zwar immer wieder äußerst glaubwürdig, sitzt aber mittlerweile in zu vielen Booten.
Der Konsument kann kaum noch auseinander halten, ob Beckenbauer für E-Plus, die Postbank, Premiere

World oder Yello-Strom wirbt.
Er ist ein Musterbeispiel für ein überstrapaziertes Testimonial.

Weiterführende Literatur

(1) Mercedes-Benz erhält den Marketingpreis der Goldenen Kamera für seinen Mika-Häkkinen-Fernsehspot Mensch und Marke gemeinsam im Rennen
aus Die Welt, Jg. 54, 06.02.2003, Nr. 31, S. 14

(2) 7 Olympische Spiele
aus McK Wissen, Heft 03/2002, S. 44-49

(3) Wie die Agentur (fast) jeden Pitch gewinnt ...
aus HORIZONT 04 vom 23.01.2003 Seite 056

(4) Johannes B. Kerner wirbt weiter für Bonaqa
aus HORIZONT 1-2 vom 09.01.2003 Seite 018

(5) Sunflowers wirbt mit Jenny Elvers im TV
aus HORIZONT 50 vom 12.12.2002 Seite 018

(6) Krug und Brauer wackeln
aus HORIZONT 1-2 vom 09.01.2003 Seite 010

Impressum

Prominenten-Testimonial

Bibliografische Information der deutschen Nationalbibliothek

Die Deutsche Nationalbibliothek verzeichnet diese Publikation in der deutschen Nationalbibliografie; detaillierte bibliografische Daten sind im Internet über http://dnb.d-nb.de abrufbar.

ISBN: 978-3-7379-0689-0

© 2015 GBI-Genios Deutsche Wirtschaftsdatenbank GmbH, Freischützstraße 96, 81927 München, www.genios.de

Alle Rechte vorbehalten. Dieses Werk ist einschließlich aller seiner Teile – z.B. Texte, Tabellen und Grafiken - urheberrechtlich geschützt. Jede Verwertung außerhalb der Grenzen des Urheberrechtsgesetzes bedarf der vorherigen Zustimmung des Verlags. Dies gilt insbesondere auch für auszugsweise Nachdrucke, fotomechanische Vervielfältigungen (Fotokopie/Mikroskopie), Übersetzungen, Auswertungen durch Datenbanken oder ähnliche Einrichtungen und die Einspeicherung und Verarbeitung in elektronischen Systemen.